Marie-Hélène Laugier
Illustrations de Vivilablonde

Cahier pratique

Pour...
donner un sens à sa vie

EDITIONS ESI

Donner un sens à sa vie…

« Ma vie a-t-elle un sens ? » Entre pensée furtive ou véritable quête, doutes ou certitudes, cette question nous effleure tous, à un moment ou à un autre. Si le sens même de l'existence relève davantage de la philosophie, donner un sens à sa vie, à son quotidien, est, en revanche, à la portée de chacun d'entre nous.

Souvent, c'est malheureusement un événement douloureux qui nous conduit à porter un autre regard sur l'existence en général et la nôtre en particulier. Le sens de la vie, à ces moments-là, nous apparaît alors comme une évidence. Mais l'ennui, un quotidien qui nous dépasse, la répétition de scénarios de vie qui ne nous conviennent pas, des sentiments qui s'amenuisent ou encore un simple mal-être sont autant de signes à décoder, de messages qui nous incitent également à chercher des réponses, afin de découvrir ce « pour quoi » nous sommes là, nous, infimes maillons d'une immense chaîne universelle.
Mais comment s'y prendre ? Où chercher ?

Si la démarche est avant tout personnelle, voire spirituelle, en suivant quelques grands principes, en nous plongeant au cœur de nous-mêmes et en nous ouvrant aux autres, nous pouvons trouver notre chemin. Celui qui nous mènera à une certaine forme d'accomplissement.

Avant...

Chloé a tout pour être heureuse... Particulièrement attirée par la décoration, elle a finalement mis de côté sa sensibilité artistique pour suivre des études dans le secteur bancaire, plus porteur. Aujourd'hui chargée de clientèle dans la filiale parisienne d'un grand groupe, mariée à Cyril, elle est la maman de Mathieu, 5 ans, et Thomas, 7 ans.

Quand son ingénieur de mari a été muté en province, c'est tout naturellement que Chloé s'est vu proposer un poste de directrice d'une nouvelle agence, à Bordeaux. Une belle promotion, qui lui garantissait la vie qu'elle avait toujours imaginée : une belle maison pour elle et sa famille, un train de vie confortable qui leur permettait de s'offrir de beaux voyages... Bref, un quotidien que lui enviait bon nombre de ses amis !

Mais, depuis peu, Chloé s'ennuie... Entre ses nouvelles responsabilités, ses allers-retours sur Paris, son rôle de chef d'orchestre, parfois sévère, et un quotidien réglé comme du papier à musique, elle perd peu à peu son joli sourire, souffre d'allergies subites, n'a quasiment plus le temps de profiter de ses enfants et part de plus en plus souvent au travail à reculons... *« Pourquoi suis-je ainsi ? Nous ne manquons de rien... J'ai tout pour être heureuse ! »*
En fait, Chloé a de plus en plus l'impression, malgré les apparences, de passer à côté de sa vie...

Chapitre 1

Qu'est-ce que donner un sens à sa vie ?

Si la question semble simple, il existe presque autant de réponses qu'il y a d'hommes sur terre… Et autant de façons d'y parvenir ! Alors, qu'entend-on par « le sens de la vie » et à travers quoi prend-il forme ?

Qui suis-je ? Où vais-je ? Dans quel état j'erre…

Si la formule revisitée par Coluche prête à sourire, elle résume à elle seule l'une des grandes interrogations à laquelle philosophes, penseurs, poètes, sages ou hommes de foi – si ce n'est l'humanité tout entière – tentent de répondre depuis la nuit des temps. Un jour, cette question du sens s'impose à nous, au détour du quotidien ou suite à un événement douloureux. Elle nous incite alors à nous arrêter un instant et à prendre conscience de qui nous sommes, de nos valeurs profondes, de ce que nous faisons et où nous avons envie d'aller… Mais avant de trouver notre chemin, de découvrir ce pour quoi nous sommes là, il est bon de se pencher sur la définition même du mot « sens ».

Définition

Sens : nom masc.
I. (lat.) Sensus, de sentire, qui signifie sentir. Idée intelligible à laquelle un objet de pensée peut être rapporté et qui sert à expliquer, à justifier. Syn. : désignation, expression, raison d'être. Contr. : absurdité, déraison, non-sens… (Le Petit Robert).
II. (all.) Sinno, qui signifie direction. Orientation, voie à suivre pour aller à un endroit, direction que prend quelque chose. (Le Petit Robert).

Donner une direction

Donner un sens à sa vie, pour la majorité d'entre nous, c'est tout d'abord lui donner une direction, suivre un chemin, une route, que l'on bâtit soi-même au fur et à mesure, ou qui est déjà tracée. Cette définition pourrait être représentée par une ligne horizontale, qui relie un point A à un point B. Cette conception du sens de la vie, alors synonyme de vocation, de mission, de destinée, s'exprime au travers de la réalisation d'un projet, de l'accomplissement d'un but personnel.

« Qui sait si la raison de l'existence de l'homme ne serait pas dans son existence même ? »

Julien Offray de La Mettrie (*L'Homme machine*)

Le coin du psy

« Quelle serait votre définition du sens de la vie ? »

Essentiel ou superflu ?

La société « moderne » a habilement transformé le superflu en essentiel. Nous sommes joignables n'importe où et n'importe quand, collectionnons les « amis » sur les sites communautaires, jonglons avec nos « profils »... Notre bonheur, notre santé, notre « être », passent par la consommation de nouveaux produits, souvent présentés comme signes « identitaires », et l'identification à des modèles créés de toutes pièces. Focalisés sur ce qui nous manque, nous avons tendance à perdre de vue l'essentiel, à savoir ce que nous sommes vraiment et où se trouvent nos vrais besoins, quelles sont nos vraies valeurs.

Trouver une signification

Donner un sens à sa vie, c'est aussi lui attribuer une signification, lui accorder une « conscience ». Il s'agit ici d'une ligne verticale, plus intellectuelle, spirituelle, sur laquelle figurent nos croyances, nos idées, nos choix, nos aspirations, nos désirs, et qui, symboliquement, nous permet de nous élever. Chaque instant, chaque geste, chaque pensée s'inscrit dans un grand ensemble, une logique personnelle, qui va donner une existence propre à ce que nous sommes et nous permettre de nous révéler.

Guide ou gourou ?

Les moments de doute, de mal-être, d'introspection nous rendent en général plus vulnérables et ouvrent souvent des brèches dans lesquelles peuvent s'engouffrer des individus peu scrupuleux. Pseudo-thérapies, mouvements sectaires, groupes de prière, approches de santé douteuses, les dérives sont légion. Sous couvert de nous « donner » les réponses que nous cherchons, ils nous entraînent dans une forme de dépendance qui peut devenir dangereuse, voire destructrice... et qui reste toujours très onéreuse ! Soyons vigilants !

Le coin du psy

« Quelle direction souhaitez-vous donner à votre vie ? »

Le coin du psy

« Aujourd'hui, quelle signification a votre vie ? »

La pyramide des besoins

Le psychologue américain Abraham Maslow, initiateur de la psychologie humaniste, s'est surtout fait connaître au travers de ses travaux sur la motivation, menés dans les années 40-50, qui l'ont conduit à classer, par ordre d'importance, les différents besoins humains. Cette « pyramide des besoins », de plus en plus contestée, hiérarchise la construction de la personnalité. D'après Maslow, la réalisation de soi – l'aboutissement de l'être humain – n'est possible qu'après avoir satisfait, dans un ordre précis, des besoins précis (voir notre schéma). Donner un sens à sa vie, s'accomplir, serait donc… le dernier des besoins.

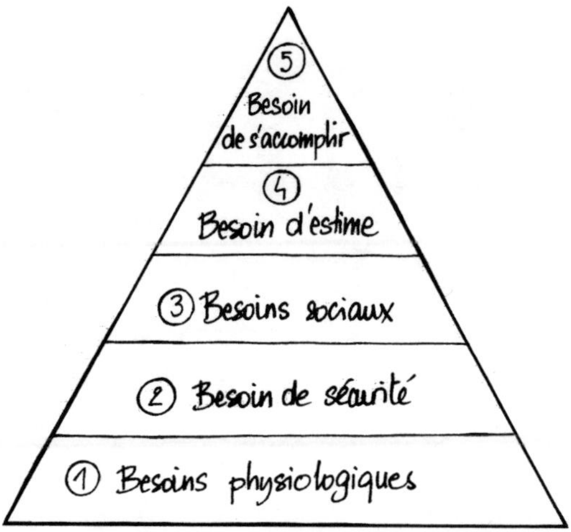

Pourtant, tous nos besoins, quels qu'ils soient, peuvent également contribuer à donner du sens à notre existence. Si nous sommes obligés de nous nourrir tous les jours, nos repas par exemple peuvent devenir des moments de convivialité, de partage et d'échange et non plus être la simple satisfaction d'un besoin physiologique…

Donner un sens à sa vie passe par 5 étapes essentielles

• Faire fructifier ses talents

Nous possédons tous un talent particulier, que ce soit dans les domaines professionnel, sportif, artistique, social ou intellectuel… Mettre en avant nos capacités, innées ou acquises, développer nos qualités et nos compétences, réaliser ce que nous faisons de mieux sont d'excellents moyens de donner un sens à notre vie.

• Suivre ses aspirations

Nos idées, nos goûts, nos envies et nos rêves sont l'expression même de ce que nous sommes, de notre identité. Écouter notre petite voix intérieure, nous laisser guider par ce que nous ressentons, exprimer pleinement notre personnalité, aller vers ce qui nous attire contribuent également à donner du sens à notre vie.

• Aimer

Élan dynamique, tourné vers l'autre et le monde, l'amour se révèle être « l'essence » de notre existence. Sans amour, la vie n'a pas de sens. C'est au travers du regard de l'autre, des liens que nous tissons et des sentiments qui nous unissent que notre individualité prend justement toute sa signification.

• Aller à l'essentiel

Se concentrer sur le principal, se libérer du superflu, de ce qui nous pèse, de ce qui nous empêche d'avancer et porter notre attention sur ce qui est important ou vraiment utile est indispensable pour donner du sens à ce que nous vivons et à ce que nous sommes.

• Développer son esprit

Coupés du monde, de l'autre, de la réalité, nous ne pouvons exister. Le sens de la vie est intimement lié à la conscience que nous avons de nous-mêmes et de la vie en général. S'élever, développer sa spiritualité, apprendre, être curieux, profiter, se réjouir, partager, s'ouvrir au monde, c'est donner forme et sens à la « réalité ».

C'est à vous !

Reliez les points ci-dessous et découvrez qui vous permettra de véritablement donner un sens à votre vie.

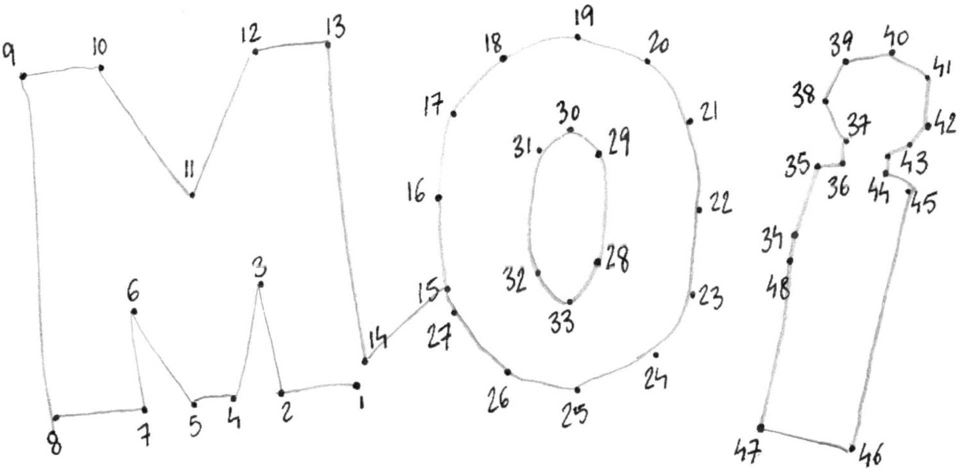

Donner un sens à sa vie ne signifie pas forcément…

• Tout plaquer !

Partir vivre dans les îles du Pacifique, envoyer promener le trio métro-boulot-dodo, quitter sa famille et recommencer une autre vie… Ce n'est pas « ailleurs », en quittant tout, que nous trouverons des réponses. Les réponses sont ici, en nous. En revanche, cela nous conduira peut-être vers d'autres horizons, d'autres cultures, d'autres mondes…

• Changer !

Cela peut simplement signifier porter un autre regard sur les choses, sur ce que l'on vit, sur nos relations, retrouvez un sentiment de liberté, d'authenticité. Ce n'est pas en devenant quelqu'un d'autre que nous serons nous-mêmes…

• Faire « comme il faut » !

Ce n'est pas forcément en nous lançant dans une activité artistique ou créative, en œuvrant pour une cause humanitaire, en militant ou en repoussant les limites de l'extrême que nous trouverons votre chemin. Soyons nous-mêmes et, surtout, faisons ce qui nous tient vraiment à cœur et ce pour quoi nous sommes faits !

• Réussir !

Avoir un boulot passionnant, gagner sa vie… Combien d'hommes ou de femmes, si brillants soient-ils, ont pourtant le sentiment que leur vie leur échappe. La réussite matérielle et sociale ne mène pas forcément à l'accomplissement. Seule la fierté d'avoir accompli « sa » tâche, quelle qu'elle soit, donne du sens à notre existence.

C'est à vous !

Remplissez la grille ci-dessous à l'aide des définitions et découvrez ce à quoi conduit une vie riche de sens !

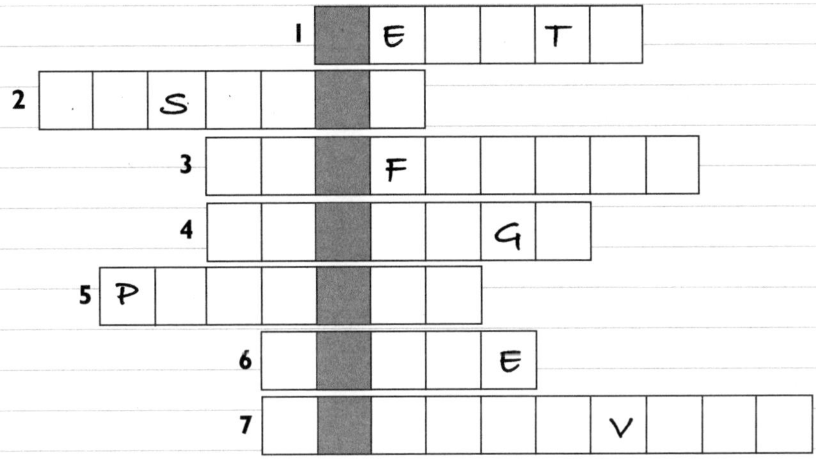

Le mot mystère : _ _ _ _ _ _ _

1. J'ai toutes les formes, toutes les couleurs et je suis en toute chose pour peu que l'on me regarde.
2. Rouge, je suis une flamme qui brûle, réchauffe les cœurs et anime les êtres.
3. Je suis un état qui permet de regarder sereinement l'avenir et je me nourris d'estime de soi.
4. Je suis ce qui me relie aux autres, au monde, à la réalité.
5. Je ne suis ni avant, ni après, mais ici et maintenant.
6. Je suis un miroir, un regard dans lequel chacun se retrouve.
7. Je suis un moyen d'expression, à la base de l'art, qui fait appel à l'imagination.

1, beauté ; 2, passion ; 3, confiance ; 4, échange ; 5, présent ; 6, autre ; 7, créativité.
Mot mystère : bonheur.

Chapitre II

Quand tout perd son sens...

Nous prenons rarement le temps de réfléchir à nos actes et c'est souvent un événement dramatique qui, tel un électrochoc, nous force à nous pencher sur le sens que nous donnons à notre vie. Mais nous traversons aussi différentes phases au cours de notre vie qui nous incitent à réfléchir, voire à changer de direction.

Les coups durs

• Tomber pour mieux se relever

Les grandes épreuves que nous traversons modifient souvent radicalement notre manière de percevoir la vie. Nous nous rendons compte que nous existons surtout au travers de biens matériels, que nous nous perdons en détails inutiles, que nous ne consacrons pas assez d'attention aux autres. Nous négligeons notre corps, notre santé et, par extension, nous-mêmes, sous couvert d'obligations. Nous vivons dans l'excès, quel qu'il soit, et considérons le monde pour acquis.

Lorsqu'une épreuve croise notre chemin, nous nous retrouvons face à nous-mêmes, à notre réalité, et, si douloureux soient-ils, les coups durs sont aussi une occasion unique de donner, enfin, un sens à notre vie.

« Ce qu'on ne veut pas savoir de soi-même finit par arriver de l'extérieur, comme un destin. »

Carl Jung

• Une prise de conscience

Face à une maladie grave, un handicap soudain, la perte d'un proche, nous passons par différentes phases qui nous rapprochent du sens même de l'existence. Après les regrets, accompagnés des classiques *« si j'avais su »*, *« si j'avais pu »*, *« si seulement… »*, suivent des sentiments comme la colère, l'amertume, la jalousie, la tristesse. Puis, nous acceptons et lâchons enfin prise. Nous reconsidérons alors nos valeurs, profitons davantage de ce qui nous est offert, prenons conscience de ce que nous sommes et nous tournons vers l'essentiel.

« L'instant de la mort a beau être éloigné de celui de la naissance, la vie est toujours trop courte quand cet espace est mal rempli. »

Jean-Jacques Rousseau

Le coin du psy

« Si l'on vous donnait le temps précis qu'il vous reste à vivre, que feriez-vous ? »

Le coin du psy

« Si vous aviez un seul et unique vœu à formuler, lequel serait-ce ? »

« Si vous pouviez revenir en arrière, que changeriez-vous ? »

Ce que nous enseignent les grandes épreuves

- **Déposez les armes :** cessez de vous engager dans des conflits, souvent dérisoires, de vous battre contre des moulins à vent et de chercher à tout contrôler. Apprenez à accepter, à tolérer, à compatir, à recevoir ce que l'on vous donne.
- **Faites tomber les masques :** cessez de vous dissimuler derrière des apparences ou une personnalité, de craindre la critique, le jugement, le regard de l'autre. Ne cherchez pas à prouver ce que vous êtes mais laissez plutôt votre individualité s'exprimer.
- **Allez à l'essentiel :** ne vous focalisez pas sur ce qui vous manque ou ce que vous pourriez avoir. Recentrez-vous sur ce que vous avez, sur ce qui possède une véritable valeur à vos yeux et consacrez du temps à l'autre, à vos proches.

Les grands tournants de la vie

Notre vie est ponctuée de grandes étapes : l'entrée dans la vie active, le mariage, la naissance d'un enfant, l'acquisition d'un bien immobilier, l'évolution de notre carrière, le départ à la retraite… Mais, indépendamment de ces grands événements, nous traversons également des périodes charnières, différentes selon les âges, au cours desquelles nous reconsidérons nos choix, réévaluons notre existence et nous penchons davantage sur notre vie.

« Quand on ne peut revenir en arrière, on ne doit se préoccuper que de la meilleure façon d'aller de l'avant. »

Paulo Coelho

• De la naissance à l'adolescence

Les premières années de notre vie sont généralement heureuses, insouciantes, ponctuées de jeux, de découvertes et intimement liées à la cellule familiale. Nous apprenons, nous découvrons le monde et l'autre et construisons notre personnalité.

• De l'adolescence à 25 ans

La première grande crise « existentielle » se situe à l'adolescence. Période de transition entre l'enfance et l'âge adulte, marquée par la contestation et le conflit, c'est la période où commence véritablement l'indépendance et où nous cherchons à nous affirmer. Entre 20 et 25 ans, nous prenons peu à peu nos marques, professionnelles, sentimentales, amicales. Nous nous attachons à construire notre vie future. Nous concrétisons nos projets, tournés vers l'avenir mais encore marqués par nos rêves d'enfant.

L'âge du bonheur

Saviez-vous que le bonheur évolue en fonction de l'âge ? En effet, certaines « décennies » sont plus heureuses que d'autres et le sentiment de bien-être semble proportionnel au nombre des années ! Selon une étude de l'Insee, nous sommes, tous sexes confondus, plus heureux à 20-25 ans ou encore à partir de 55 ans qu'entre 35 et 50 ans, et ce, quel que soit le niveau de revenu ou la situation matrimoniale ! Cela s'explique en partie par le fait qu'au sortir de l'adolescence, ou qu'à partir de 55 ans, nous sommes dans un processus psychologique plus proche de nos aspirations.

- ## La trentaine

Notre carrière, notre vie de famille ainsi que notre quotidien sont installés. Mais la trentaine marque un premier tournant. C'est l'heure du premier bilan : *« Ai-je la vie que j'avais rêvée ? Suis-je sur le bon chemin ? »* Nous commençons à nous pencher sur nos valeurs personnelles, à revoir la manière dont nous avons organisé notre existence. À la recherche d'une certaine stabilité, nous éprouvons le besoin de planifier notre vie à plus long terme.

- ## La quarantaine

Le second cap, souvent plus difficile à vivre, est celui de « la crise du milieu de vie ». C'est une période souvent marquée par de grands changements : séparation, réorientation professionnelle, achat important, dernier enfant… Notre rapport au temps change. *« Ai-je bien fait ? », « Ai-je encore le temps ? »* Les premiers signes physiques apparaissent et nous commençons à prendre conscience que nous vieillissons. La perte de certains proches nous pousse à revoir notre existence. Nous analysons ce qui est passé et réévaluons nos priorités.

- **La cinquantaine**

Nous retournons dans une phase plus sereine, plus stable, voire une seconde vie. Nous savons qui nous sommes, connaissons nos compétences et transmettons aux plus jeunes. Nous réexaminons le lien entre notre vie et notre personnalité. Nous assumons nos choix, notre parcours et profitons davantage… avant d'entamer un autre grand virage, le départ à la retraite, accompagné d'une simple question : *« De quoi ai-je envie pour cette dernière partie de ma vie ? »*

- **La soixantaine**

Nous prenons définitivement conscience du temps, réajustons ce que nous pouvons changer et acceptons le reste. Nous commençons à faire preuve d'une certaine sagesse. Nous aplanissons les conflits, les sentiments et les relations s'adoucissent. Nous nous attachons davantage au moment présent, à nos proches. Les projets se font à moins long terme, mais véritablement en accord avec nos envies.

Le coin du psy

« Quels ont été les moments les plus heureux de votre vie ? Pourquoi ? Qu'avez-vous ressenti ? »

Les signes

Certains signes, attitudes ou sentiments récurrents peuvent également guider nos choix et nous inciter à nous recentrer sur nous-mêmes, à nous pencher sur notre vie. Parfois douloureux, souvent pénibles, ils peuvent cependant se transformer en émotion positive et devenir une force.

• La dépression

Véritable détresse psychologique, la dépression peut être à la fois cause ou effet d'une perte de sens de l'existence. Cause, car elle vide justement l'existence de tout son sens : absence d'envie, de plaisir, pessimisme, angoisses, baisse de l'estime de soi, desquels découle une incapacité à agir, l'isolement et l'impuissance. Mais, entre l'épuisement, l'accumulation de contraintes quotidiennes, l'incapacité à dire non, la dépression peut également être la conséquence d'un mode de vie qui va à l'encontre de ce que nous sommes. Elle nous force à nous arrêter, à nous pencher sur ce que nous vivons et à reconsidérer notre existence ainsi que la manière dont nous nous percevons et regardons le monde.

Le langage du corps

Nausées, vertiges, éruptions cutanées, insomnies, douleurs musculaires, problèmes digestifs... Entre angoisse, stress, émotions mal gérées, choc psychologique ou rythme de vie épuisant, notre organisme va déclencher des réactions physiologiques qui sont souvent l'expression d'un mal-être que nous ne pouvons pas formuler. « J'en ai plein le dos ! » « Je n'arrive pas à digérer... » Le corps, au travers de ses maux, lance un signal d'alarme, jusqu'à nous contraindre, parfois de façon violente.

Le coin du psy

« Avez-vous parfois le sentiment de vous ennuyer ? À quoi pensez-vous à ce moment-là ? »

« Vous arrive-t-il de ressentir un mal-être avant de reprendre le travail ou en société par exemple ? Quels signaux vous envoie votre corps ? À quelle occasion ? »

- **L'ennui**

L'ennui ainsi que le manque d'enthousiasme et/ou d'énergie sont souvent le signe que quelque chose ne va pas : un boulot prenant, des compétences mal exploitées, une relation qui s'étiole... Loin d'être un fardeau, l'ennui nous permet de prendre conscience de ce qui ne nous convient pas et nous permet de nous recentrer sur ce qui nous anime.

- **La frustration**

État d'insatisfaction, plus ou moins constant, lié à des envies inassouvies, un déséquilibre entre ce que l'on veut et ce que l'on a, la frustration est le signe évident que nous n'avons pas fait les bons choix et qu'il est temps de nous écouter, de faire davantage attention à ce que nous voulons, à ce que nous sommes.

- **La colère**

Souvent liée à un manque ou à la frustration, elle est une réaction face à l'injustice, à l'impuissance. Sournoise et intérieure, ou encore violente et soudaine, elle doit nous conduire à reconsidérer nos attentes, à nous responsabiliser face à ce que nous vivons, sans accuser autrui ou un événement.

- **L'indifférence**

À l'opposé des émotions, l'indifférence, ou encore l'insensibilité ou la désinvolture, marque une absence totale d'intérêt, de sentiments. Ces façons d'être sont un « non-sens » à l'existence et doivent nous inciter à nous pencher sur ce que nous ressentons, ce qui nous touche, tant sur le plan émotionnel qu'au niveau de notre vie quotidienne.

- ## La mélancolie, la tristesse, le pessimisme

Signes avant-coureurs de l'ennui ou de la dépression, ils découlent également d'une perte de sens de l'existence, d'un passé douloureux dont nous n'avons pas fait le deuil, d'un avenir flou et incertain qui nous effraie et d'un présent dont nous n'arrivons pas à saisir la quintessence.

Chapitre III

Trouvez votre chemin !

Pour être à même de donner un sens à sa vie, il est indispensable de faire connaissance avec soi-même, de découvrir qui l'on est vraiment et d'apprendre à ressentir, afin de véritablement savoir où, comment… et avec qui suivre son chemin !

La réponse est en nous

Si les liens qui nous unissent à notre entourage ainsi que les échanges que nous avons avec le monde extérieur contribuent à donner du sens à notre existence, le véritable « moteur » se trouve à l'intérieur de nous-mêmes. Nous en sommes la source, l'origine.

Les 5 étapes

Pour cela, il est indispensable de passer par 5 étapes, indissociables les unes des autres. Elles portent sur la connaissance de soi, l'estime que l'on se porte, la réalisation personnelle, l'affirmation de soi ainsi que la nature des liens qui nous unissent à l'autre et au monde. Elles impliquent également de se libérer des fardeaux qui nous lestent et des freins qui nous retiennent.

Les 5 questions essentielles

- **Qui suis-je ?**
- **Est-ce que je suis à ma place ?**
- **Est-ce que je vais à l'essentiel ?**
- **Est-ce que je suis en accord avec moi-même ?**
- **Est-ce que j'apporte quelque chose au monde ?**

Se connaître et se reconnaître

Donner un sens à notre vie, c'est d'abord nous connaître et nous reconnaître en tant qu'individu. Savoir qui nous sommes, nous définir objectivement et tracer les grandes lignes de notre personnalité à travers tous ces petits détails qui font que nous sommes quelqu'un d'unique sont les toutes premières étapes qui nous permettront de trouver notre chemin.

Commençons par prendre conscience de nos qualités et de nos défauts, afin d'exploiter au mieux les premières et de transformer les seconds en atouts. Essayons de définir nos principaux traits de caractère. Sommes-nous plutôt solitaires ou enjoués, naturels ou sophistiqués, réfléchis ou rêveurs ? Réfléchissons à des périodes difficiles ou des moments de stress que nous avons vécus : c'est souvent là que se révèle notre véritable identité.

« Pour devenir quelque chose et faire quelque chose, il faut être quelqu'un. »

Alexandra David-Neél

Le coin du psy

« Citez 5 de vos qualités et 5 de vos défauts. Qu'aimez-vous, que détestez-vous ? Qu'est-ce qui vous rassure ou, au contraire, vous angoisse ? »

Qualités

Défauts

Ce que j'aime/Ce qui me rassure

Ce que je déteste/Ce qui m'angoisse

S'aimer

Une fois que nous avons fait connaissance avec nous-même, il est indispensable de nous apprécier et d'avoir confiance en nous. L'estime de soi, c'est-à-dire le regard que nous portons sur nous-mêmes, ainsi que la confiance, cette « ressource naturelle » qui nous permet de répondre avec justesse et objectivité à ce que nous vivons, nous guident tout au long de notre vie, confortent nos choix et nous portent au quotidien.
S'aimer, c'est croire en ses compétences, prendre soin de soi, soigner son apparence et se féliciter. C'est devenir son « meilleur ami » : celui sur qui nous pouvons compter, qui nous permet de rebondir, de faire face au changement et de nous adapter à ce que nous vivons.

Le coin du psy

« Quelles sont vos plus belles réussites, de quoi êtes-vous fier ? Pourquoi ? »

C'est à vous !

Évaluez, sur une échelle de 1 à 10, 10 étant le plus fort, les affirmations suivantes :

A. Je me sens bien dans ma peau et j'aime ce que je suis, mon apparence.

1 2 3 4 5 6 7 8 9 10

B. Je vais facilement vers les autres et je me sens bien en groupe.

1 2 3 4 5 6 7 8 9 10

C. D'une manière générale, je suis fier de ce que je fais.

1 2 3 4 5 6 7 8 9 10

D. Je prends des initiatives et je me sais capable de relever des défis.

1 2 3 4 5 6 7 8 9 10

E. Je suis conscient de mes compétences, de mes qualités.

1 2 3 4 5 6 7 8 9 10

Moyenne : 4,5 /10

L'estime de soi est une des bases de la confiance en soi... Si vous obtenez une moyenne entre 2 et 5, commencez par vous accepter, vous apprécier et prenez confiance en vous. Votre route vous apparaîtra tout naturellement par la suite.

Se réaliser

• Donner forme à ce que nous sommes

Se connaître, s'estimer, croire en ses compétences, avoir conscience de ses qualités comme de ses défauts permettent d'accéder à la troisième étape qui contribue à donner un sens à sa vie : la réalisation personnelle. Se réaliser, c'est donner « forme » à ce que nous sommes, c'est croire en nous, aller vers ce qui nous ressemble et ce que nous aimons, savoir ce dont nous sommes capables…

• Avoir des projets, des objectifs

Donner un sens à sa vie implique d'avoir des projets, de se donner des objectifs, accessibles et réalistes, et d'atteindre les buts que nous nous sommes fixés. Imaginons la vie que nous avons envie de vivre, exprimons-nous, développons et enrichissons ce que nous sommes, allons vers ce qui nous motive. Mettons en avant nos compétences, prenons conscience de nos ressources personnelles, de notre potentiel…

Réaliser ses rêves

Avoir des projets, quels qu'ils soient, c'est bien. Les réaliser, donner forme à quelque chose qui nous tient à cœur, c'est encore mieux. Cela demande une certaine motivation (l'envie), du travail (l'action)… et un peu de méthode :

- **Définissez votre projet :** réfléchissez à ce que vous vous voulez. C'est votre objectif, pas celui de quelqu'un autre ! Soyez précis, évitez les projets qui dépendent trop d'éléments extérieurs et impliquez-vous, en utilisant des phrases qui commencent par « je ».

- **Étudiez votre projet :** votre projet doit être en adéquation avec vos compétences, votre personnalité, vos aspirations… Faites le point sur ce dont vous avez besoin, en termes de temps et de moyens. Estimez les risques, évaluez les tenants et les aboutissants, les sacrifices éventuels…

- **Planifiez votre projet :** divisez votre objectif en plusieurs étapes, planifiez précisément ces dernières et prévoyez des points de contrôle pour suivre l'avancée de vos projets, rectifier le tir ou adapter votre objectif en fonction de votre situation.

- **Projetez-vous :** mettez en scène votre projet, imaginez ce que vous pourriez ressentir, ce que cela va vous apporter une fois votre objectif atteint. Et, surtout, voyez-vous « réussir » !

Être soi-même

L'une des dernières étapes indispensables pour donner du sens à notre existence, c'est oser être nous-mêmes, être « vrai ». C'est nous affirmer, c'est-à-dire choisir, suivre nos envies, exprimer nos idées et agir de manière cohérente avec notre personnalité. C'est parfois faire preuve de courage, pour aller à l'encontre de ce que désirent nos proches ou prendre des chemins de traverse. C'est aussi savoir dire non afin de rester en accord avec ce que nous sommes.
Cette étape revêt une dimension plus spirituelle. Être nous-mêmes, c'est aussi suivre nos aspirations, nos convictions profondes, avoir un idéal, écouter notre petite voix intérieure, celle qui nous indique la route à suivre. C'est « construire notre monde », à notre façon.

Affirmez-vous !

- **Communiquez :** dites ce que vous pensez, ce que vous ressentez et donnez votre avis. Partagez vos goûts, vos souhaits, vos envies…

- **Redressez-vous :** tenez-vous droit, regardez votre interlocuteur dans les yeux, ayez une poignée de main franche, parlez d'une voix posée, voire ferme, mettez-vous en valeur et… souriez !

- **Apprenez à dire non :** osez sortir des sentiers battus, défendre votre point de vue, ce qui vous tient à cœur et refusez, poliment et objectivement, ce qui ne vous convient pas.

- **Agissez :** bougez, prenez les devants et préférez l'action à la réaction.

C'est à vous !

Collez votre photo sur l'affiche et écrivez votre bio !

Le coin du psy

« Racontez-vous, présentez-vous, mettez-vous en scène. »

Appartenir

• Donner et recevoir

La dernière étape qui mène à la connaissance de soi, c'est le sentiment d'appartenance. Se sentir appartenir à une famille, à des proches, à un réseau de connaissances, mais aussi à un secteur professionnel, une ville, une société, un pays… Ce sentiment d'appartenance s'exprime essentiellement au travers des contacts et la nature des échanges que nous avons avec le monde extérieur, les liens et les sentiments qui nous unissent aux autres, les émotions… et les sens. Appartenir au monde, c'est aussi s'ouvrir aux autres, donner et recevoir. Et cela nécessite avant tout d'être libre et autonome, c'est-à-dire de passer d'un état de dépendance à un état d'interdépendance, dans lequel nous sommes alors véritablement aptes à échanger, communiquer et communier.

• Être autonome

L'autonomie passe par 4 phases, que l'on peut également observer dans tous les domaines de la vie, que ce soit au cours de notre enfance, dans le travail, dans nos relations ou face à la vie en général :

✦ **La phase de dépendance** : nous ne faisons qu'un avec l'objet extérieur et sommes indissociables de lui, totalement « dépendants ». Nous sommes passifs, acceptons et suivons l'autre. Le sentiment qui domine est la peur.

✦ **La phase de contre-dépendance** : nous commençons à nous opposer et à refuser cet objet tel qu'il est. C'est, par exemple, la fameuse période du non chez l'enfant. Nous sommes négatifs, agressifs, voire colériques. C'est le conflit qui prédomine dans nos relations.

✦ **La phase d'indépendance** : nous prenons nos distances et cherchons à nous différencier de l'objet en question. Chez l'enfant, cette phase correspond à la période pendant laquelle il cherche à faire les choses par lui-même. Nous sommes distants, indifférents et cherchons à prouver ce que nous sommes.

✦ **La phase d'interdépendance** : nous avons testé nos limites, défini les contours extérieurs et revenons, riches de cet enseignement, vers « l'objet » dont nous dépendions. Nous sommes curieux, ouverts, réceptifs, attentifs, respectueux de l'autre et du monde qui nous entoure. C'est ici que débute le véritable échange, l'ouverture sur le monde et vers l'autre.

Se libérer des freins

Se connaître, s'apprécier, se réaliser, être soi et, enfin, s'ouvrir aux autres et au monde, c'est aussi se défaire de tout ce qui nous enferme dans un rôle qui n'est pas le nôtre. Pour donner un sens à notre vie, il est important de prendre conscience de ce qui nous empêche d'avancer : les pensées automatiques et les croyances personnelles, les peurs ou encore les attitudes qui alimentent une faible estime de soi, nous enchaînent au passé, nous font craindre l'avenir et sont autant de freins à l'expression de notre nature profonde.

• Les croyances personnelles

Considérées comme des modèles de conduite, ces « idées reçues », souvent issues d'une sorte de bon sens collectif, nous obligent à suivre des règles subjectives et à respecter certains principes, qui vont parfois à l'encontre de ce que nous sommes vraiment.

• Les pensées automatiques

C'est une sorte de monologue intérieur qui conditionne la manière dont nous nous percevons et interprétons « la réalité ». Négatives et dévalorisantes, ces pensées sont profondément ancrées dans notre inconscient et alimentent la peur et le manque de confiance en soi.

• La dépendance

Liée, entre autres, aux blessures que nous portons depuis l'enfance, à la peur d'être jugés ou d'être nous-mêmes, à la culpabilité ou encore à l'anxiété, la dépendance, qu'elle soit physique, matérielle ou affective, nous oblige à vivre à travers quelque chose, quelqu'un ou une situation.

• La solitude

La solitude, qu'elle soit volontaire ou subie, nous ôte une composante indispensable à la construction et l'expression de notre personnalité : l'autre. C'est au travers du regard de l'autre et des échanges avec le monde que nous existons.

C'est à vous !

Notez les croyances personnelles, pensées automatiques et les attitudes qui vous freinent et vous empêchent d'être vous-même, puis, laissez-les s'envoler !

Test

Quel sens donnez-vous à votre vie ?

❶ **Votre devise serait :**

✿ La vie est trop courte, profitons-en !

♥ Qui se donne les moyens arrive à ses fins !

❍ Quand il y en a pour un, il y en a pour deux !

❷ **La maison de vos rêves ressemblerait plutôt à :**

♥ Une villa luxueuse sur la Côte d'Azur.

✿ Un bungalow isolé sur une plage de sable fin.

❍ Une charmante maison de campagne, conviviale et chaleureuse.

❸ **Votre pause déjeuner se résume le plus souvent à :**

♥ Une formalité ! Vous avalez un en-cas sur le pouce, avant de reprendre vos activités.

❍ Un moment de convivialité. Vous en profitez pour retrouver des amis.

✿ Un moment de plaisir ! Cours de gym, pause douceur ou menu découverte gastronomique, c'est selon !

❹ **Ce week-end, vous êtes d'humeur morose…**

♥ Vivement lundi que vous remettiez le nez dans vos dossiers !

✿ Vous restez chez vous, au calme, et en profitez pour vous ressourcer.

❍ Vous retrouvez des amis, histoire de vous changer les idées.

❺ **Une étoile filante… Faites un vœu !**

✿ « J'espère être toujours heureux. »

❍ « J'espère être toujours entouré. »

♥ « J'espère ne jamais manquer de rien. »

⑥ On vous propose un poste intéressant, mais qui demande beaucoup d'investissement personnel :

♥ Vous en rêviez ! Vous acceptez immédiatement, quitte à faire quelques sacrifices !

❍ Vous préférez refuser car votre vie de famille passe avant tout le reste.

✿ Cela ne vous intéresse pas. Vous préférez avoir du temps pour vous...

⑦ Vous devez absolument trier vos photos :

✿ Vous gardez vos photos de voyage.

♥ Vous conservez les souvenirs des moments clés de votre vie.

❍ Vous privilégiez les photos de famille et des soirées entre amis.

⑧ Vous gagnez 30 000 euros !

♥ Vous lancez votre propre affaire.

❍ Vous versez une partie des fonds à des associations.

✿ Vous prenez un an de congé sabbatique.

⑨ Au sein d'une association, vous seriez plutôt :

✿ Chargé de communication, pour être sur le terrain.

❍ Médiateur, pour aider les personnes en difficulté.

♥ Président, pour prendre les choses en main.

⑩ Sur l'autoroute, vous êtes témoin d'un grave accident de la circulation...

❍ Vous pensez immédiatement aux proches des victimes.

♥ Vous pensez surtout aux répercussions d'un tel accident sur le trafic.

✿ Vous levez le pied et vous vous arrêtez à la prochaine aire pour souffler.

Résultats page 64

Chapitre IV

Comment donner un sens à sa vie ?

Se ressourcer, aller à l'essentiel, mettre de la passion en toute chose, redécouvrir ses sens, il existe plein de petites astuces qui, indépendamment du cheminement intérieur qui mène à la connaissance de soi, nous permettent de donner une signification à ce que nous vivons.

« Il est temps de vivre la vie que tu t'es imaginée. »
Henry James

Vivez ici et maintenant

Ce que nous aurions dû faire, ce que nous avons à faire… Stop ! Partagés entre le passé et le futur, nous ne pensons que très rarement au moment présent. Cessons de nous préoccuper de ce qui est révolu ou de ce qui n'est pas encore arrivé et profitons pleinement de chaque instant.

✦ **Faites le deuil du passé** : ne laissez pas le passé envahir le présent. Considérez-le comme une expérience, un enseignement.

✦ **Ne pensez pas à demain** : ramenez vos pensées là où vous êtes. C'est aujourd'hui qui conduit à demain.

✦ **Concentrez-vous sur le présent** : soyez ici et maintenant. Attardez-vous sur ce que vous voyez, entendez, ressentez et vivez pleinement le moment.

> « Hier est de l'histoire, demain est un mystère, aujourd'hui est un cadeau. »
>
> **Eleanor Roosevelt**

Ressourcez-vous

Se ressourcer, c'est revenir à ses racines, se retrouver. Cela passe obligatoirement par des moments de calme, de bien-être et de plaisir, à l'abri des contraintes et de l'agitation du quotidien. Cela peut se faire au travers d'une activité, sportive ou culturelle, en nous évadant en pleine nature ou en profitant d'un moment particulier de la journée… Accordez-vous une petite escapade dans votre « jardin secret », un endroit, réel ou imaginaire, qui n'appartient qu'à vous et dans lequel vous cultivez votre nature profonde.

C'est à vous !

Collez ici une image qui vous apaise, vous permet de vous ressourcer ou encore qui représente « le bonheur » (une activité, un paysage, un lieu particulier...).

Respirez

Machinale et inconsciente, la respiration possède pourtant mille et une vertus ! Elle nous permet de nous ancrer dans le présent, de lâcher prise, de recentrer notre attention sur nous-mêmes, d'évacuer la pression, de réduire le stress... Elle est aussi une étape indispensable à la méditation... Entre deux stations, dans les embouteillages, sous la douche, au bureau, à la maison, prenez conscience de votre respiration, du souffle de vie qui vous anime et res-pi-rez !

C'est à vous !

Faites des pauses « respiration » de 3 à 5 minutes, 3 fois par jour, pendant lesquelles vous vous concentrerez uniquement sur l'air qui circule dans vos poumons :

1. Inspirez profondément par le nez, en commençant par le ventre.

2. Continuez à inspirer profondément et sentez l'air gonfler votre cage thoracique.

3. Continuez avec la partie supérieure de vos poumons, juste sous les clavicules.

4. Marquez une courte pause et pensez uniquement au volume d'air que vous venez d'inspirer.

5. Puis, expirez lentement, par le nez ou par la bouche, en vidant le haut de vos poumons, puis le milieu de la cage thoracique et enfin le bas, au niveau du ventre. Videz votre esprit en même temps que vous expirez et concentrez-vous uniquement sur ce mouvement.

6. Marquez une courte pause, puis recommencez 3 fois de suite.

Changez votre regard sur le monde

Nous avons souvent tendance à chercher ailleurs ce que nous avons à portée de main… Comment donner du sens à notre vie si nous ne prêtons jamais attention à ce que nous vivons, si nous agissons machinalement, comme des robots, emportés par notre quotidien et nos habitudes ? Changez votre regard sur le monde, empruntez d'autres chemins et regardez le quotidien sous un autre angle, en vous mettant à la place d'un étranger… ou d'un objet ! Réapprenez à regarder !

C'est à vous !

On ne voit que ce que l'on veut bien voir ! Découvrez ce que cache la figure ci-dessous.

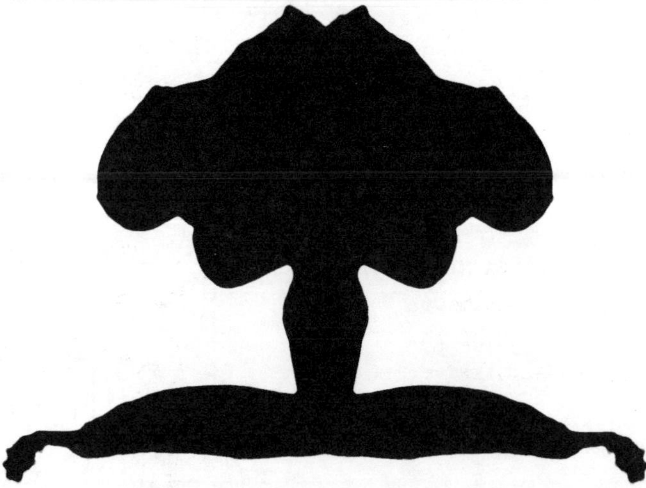

Solution : un arbre ou un nuage atomique

« Ce n'est pas la lumière qui manque à notre regard, c'est notre regard qui manque de lumière. »

Gustave Thibon

Explorez votre quotidien

Comment voyagez-vous ? Qu'est-ce qui est le plus important : arriver à destination au plus vite ou prendre le temps de savourer votre trajet ? Donner un sens à sa vie, c'est voyager à travers le temps et l'espace, tel un explorateur, à la découverte de nouveaux lieux et de nouvelles rencontres. Soyez curieux, enrichissez vous (intellectuellement, bien sûr). Prenez le temps de découvrir et de regarder le monde qui vous entoure, afin d'en savourer toutes les richesses, toute la singularité et de saisir les surprises qu'il vous réserve.

Lâchez prise

Loin d'être synonyme de renoncement, lâcher prise signifie, entre autres, « se libérer ». Se libérer du poids des sentiments négatifs, des croyances qui nous freinent, des blessures que nous portons depuis l'enfance. Lâcher prise, c'est aussi accepter ce qui ne peut être changé, s'accepter, accepter l'autre et pardonner. Laissez-vous porter et cessez de vouloir tout contrôler.

« Si la lune est à tes côtés, ne prête pas attention aux étoiles. »

Proverbe populaire arabe

Simplifiez-vous la vie

Noyes sous une toultitude d'objets et de pensées, à courir après le temps et des futilités, nous en oublions souvent l'essentiel. Débarrassez-vous de ce qui vous encombre, cessez d'entasser, d'empiler, de multiplier, en cherchant à posséder toujours plus. Concentrez-vous plutôt sur ce qui compte, sur ce qui est vraiment important. Organisez-vous, afin de laisser une place à l'imprévu, épurez votre intérieur, au propre comme au figuré, et cultivez la simplicité !

C'est à vous !

Faites le tri ! Si vous ne deviez emporter que 5 objets, quels seraient-ils ? Pourquoi ?

1. ....

2. ....

3. ....

4. ....

5. ....

Redécouvrez vos sens

Entendre, sentir, voir, goûter, toucher... Si nous prenons plaisir à redécouvrir nos sens à l'occasion des vacances par exemple, bien souvent, nous les ignorons au quotidien et ne prenons jamais le temps de nous y arrêter ! Pourtant, ils nous permettent de percevoir le monde extérieur, nous relient à lui et donnent « corps » à ce que nous vivons. Marchez pieds nus, laissez-vous porter par les parfums, écoutez les bruits, regardez, percevez, dégustez, écoutez, savourez... Redécouvrir ses sens, c'est se sentir vivant, profiter de tout ce que le monde et la nature nous offrent et accepter de se laisser guider par ses émotions.

Soyez réceptif

- **Le langage du corps :** écoutez-vous et apprenez à décrypter les messages que votre corps vous envoie. Contrairement à l'esprit, celui-ci ne ment pas... Beaucoup de réactions physiques, voire de maux, ont une signification.
- **Les signes :** soyez attentif aux « signes », ces petits clins d'œil du destin, parfois totalement anodins. Une rencontre impromptue, un détail, mais aussi un acte manqué, sont souvent riches de sens.
- **Les rêves :** ils sont l'expression imaginée de ce que vous êtes, de ce dont vous avez envie et sont bien souvent à l'origine de nombreux projets de vie. Prêtez-leur attention et essayez de découvrir leur sens caché.
- **L'intuition :** écoutez votre petite voix intérieure, laissez-vous guider par votre intuition, vos sensations. Et développez votre sixième sens !

C'est à vous !

Que ressentez-vous à la lecture de ces mots ? Quelles émotions évoquent-ils ?

Le goût d'une poire : ....

....

Votre parfum préféré : ....

....

Le bruit des vagues : ....

....

Un arc-en-ciel : ....

....

Adoptez la « positive attitude » !

L'attitude que nous adoptons face à la vie est, en soi, une manière de nous exprimer et notre posture est souvent bien plus explicite que nos propos. Comment voudriez-vous trouver votre chemin en regardant vos pieds, les yeux dans le vague et la mine triste ? Donner un sens à sa vie, c'est être bien dans sa tête et dans son corps, afficher une attitude positive, être ouvert, dynamique et souriant !

✦ **Soignez votre apparence** : adoptez un look qui vous mette en valeur et dans lequel vous vous sentez bien.

✦ **Redressez-vous** : marchez la tête haute, avec entrain et regardez droit devant. Occupez votre espace et soyez présent.

✦ **Dites « merci »** : remerciez vos collègues, votre conjoint, vos enfants, la concierge, un inconnu… C'est un excellent moyen de prendre conscience de ce qui vous est offert.

Donnez

Parce que l'on ne donne pas n'importe quoi, n'importe comment à n'importe qui, cet élan spontané et sincère est bien souvent… riche de sens. Un sourire, un encouragement, un conseil, un moment pris sur un emploi du temps surchargé, ou encore des compétences que l'on offre au travers d'une activité sont autant de moyens de donner un sens à sa vie, d'échanger avec l'autre et de récolter, en retour, des sentiments positifs.

Le coin du psy

« Si vous gagniez une très grosse somme d'argent, qu'en feriez-vous ? »

« Si vous aviez plus de temps, à quoi le consacreriez-vous ?»

Agissez

L'action et le mouvement sont à la base de tout et de la vie elle-même. Si les périodes de réflexion et de retour sur soi sont indispensables pour avancer, elles ne remplacent jamais l'action. C'est en avançant que l'on trace son chemin, en agissant que l'on découvre de nouvelles routes, en essayant, en recommençant, en rectifiant ses erreurs, en prenant des décisions et en s'ouvrant au monde que l'on dessine les contours de sa vie. Agir, bouger, c'est vivre au quotidien.

✦ **Ne remettez pas au lendemain** : prenez le temps de faire ce que vous avez à faire, d'accomplir du mieux possible ce qui vous incombe au quotidien. C'est également une excellente façon de prendre confiance en soi, en étant satisfait d'avoir mené à terme une mission et de laisser place à quelque chose de nouveau.

✦ **Défoulez-vous** : exprimez-vous physiquement, bougez et pratiquez une activité sportive. L'exercice physique dénoue les tensions physiques, libère les mouvements, aide à percevoir ses limites et ses capacités. Le sport permet également de lâcher prise, de respirer, de s'oxygéner, d'être présent et de se sentir bien dans son corps.

« Ce qu'on veut faire, c'est en faisant qu'on le découvre. »

Alain (Avec Balzac)

C'est à vous !

Qu'aimeriez-vous faire :

Dans 5 minutes :

Dans 5 jours :

Dans 5 mois :

Dans 5 ans :

Après...

Chloé a tout pour être heureuse... Cette brillante chargée de clientèle a profité de la mutation de son mari pour changer d'orientation professionnelle et privilégier ce qu'elle a toujours aimé faire : chiner, restaurer et décorer.

Jusque-là, elle s'était toujours attachée à construire sa vie telle qu'elle l'imaginait et telle que son entourage le lui dictait : des études supérieures, afin d'accéder, plus tard, à un poste à responsabilités qui lui permettrait d'offrir le quotidien qu'elle avait connu étant enfant... Mais, au fond d'elle-même, elle regrettait de plus en plus d'avoir mis de côté sa passion. Alors, quand on lui a proposé de prendre la direction d'une nouvelle agence, Chloé a refusé. Ce départ en province a été l'occasion de prendre un virage à 180 degrés et de faire, enfin, ce qui lui plaisait. Fini les tailleurs ajustés, les rendez-vous guindés, la valse des nounous et sa petite vie rigoureusement planifiée...

Désormais, quand elle n'est pas en visite dans les domaines alentour, à la recherche de pièces à restaurer, elle peaufine ses créations dans son atelier et peut désormais aller chercher tous les jours ses enfants à l'école. C'est parfois difficile : elle travaille tard, doit tirer sur les prix, veiller à tenir un budget serré... Mais ses yeux pétillent et elle a de l'énergie à revendre... Aujourd'hui, Chloé est aux anges : elle inaugure sa boutique !

Résultats du test « Quel sens donnez-vous à votre vie ? »

Vous avez une majorité de ❍ : L'essentiel est de partager

Vous avez besoin d'être entouré, d'aimer et de vous sentir aimé. L'autre est indispensable à votre bien-être et votre vie n'a de sens que lorsque vous la partagez avec ceux que vous aimez. De nature optimiste, vous êtes sociable, communicatif et entretenez des liens très forts avec les gens qui vous entourent. Vous avez besoin de vous rendre indispensable et n'hésitez pas à faire passer les autres avant vous. N'oubliez pas malgré tout de vous préserver. Écoutez-vous davantage afin, vous aussi, d'exprimer vos souhaits et vos désirs.

Vous avez une majorité de ✿ : L'essentiel est de vous épanouir

Vous n'êtes pas ici pour vous ennuyer et vous fonctionnez surtout à l'affectif et à la passion ! De nature curieuse, vous aimez partir à la découverte de nouveaux horizons, quels qu'ils soient, prendre le temps de savourer votre existence et, surtout, vous faire plaisir. À l'écoute de vos envies, vous avez besoin de moments à vous, pour vous ressourcer, loin de l'agitation du quotidien, et laisser votre esprit vagabonder. Essayez cependant d'être plus à l'écoute des autres, même si cela vous contrarie parfois, et partagez davantage.

Vous avez une majorité de ♥ : L'essentiel est de réussir

Votre épanouissement passe essentiellement par la réussite sociale et affective. Dynamique, vous aimez relever des défis, diriger, organiser et gravir des sommets. Vous avez besoin de prouver vos capacités, d'être au-devant de la scène, d'être reconnu et respecté. Vous êtes très attaché à ce que vous possédez et vous avez besoin d'une sécurité matérielle, voire d'une certaine aisance. Lâchez prise de temps en temps, laissez vos émotions vous envahir et cultivez aussi votre richesse intérieure, sans tenir compte de l'image que vous donnez !

Mémo

Découpez et conservez ces fiches dans votre agenda.

Donner un sens à sa vie, c'est :

- Lui donner une direction
- Lui donner une signification
  - en faisant fructifier ses talents
  - en suivant ses aspirations
  - en se tournant vers l'autre
  - en allant à l'essentiel
  - en développant son esprit

Quand tout perd son sens…

- Déposez les armes…
- Faites tomber les masques
- Allez vers ce qui est important
- Écoutez vos émotions et sachez repérer les signes…

Pour donner un sens à sa vie, il faut :

- Se connaître
- S'estimer
- Se réaliser
- Être soi-même
- Appartenir

Les astuces qui donnent du sens !

- Vivez ici et maintenant
- Ressourcez-vous
- Respirez
- Changez votre regard sur le monde
- Lâchez prise
- Simplifiez-vous la vie
- Redécouvrez vos sens
- Adoptez la « positive attitude »
- Donnez
- Agissez

EDITIONS ESI

60, rue Vitruve 75020 Paris
Imprimé en Espagne à Madrid par GRÁFICAS JOMAGAR, SL
Dépôt légal : avril 2010 - Achevé d'imprimé : mars 2010
ISBN : 978-2-35355-485-0